SORTIR DE LA DÉPRESSION — ÉDITION XXL

Yannick Deslandes

PARTIE I : MON LIVRE

Page

PARTIE II : TRAVAUX PRATIQUES

Page

PREAMBULE

La dépression touche en moyenne 1 personne sur 5 en France.

L'organisation mondiale de la santé estime que les troubles liés à cette maladie constituent le premier facteur d'incapacité et de morbidité dans le monde.

Au total, 300 millions de personnes doivent y faire face et les chiffres de personnes qui en souffrent ont augmenté de 18% entre 2005 et 2015.

Dans un monde où la pression sociale progresse autant que l'entraide et la bienveillance humaine reculent, il est facile de craquer et de tomber dans un sentiment de dépression plus ou moins fort.

AVERTISSEMENT

Cette méthode vise plutôt la dépression passagère, plus légère, plus "facile" à combattre naturellement que la dépression profonde.

Ces informations sont données dans le cadre d'une démarche de bien-être à l'exclusion de tout objectif médical (ou paramédical) et ne peuvent en aucun cas se substituer à un avis médical.

Elles ne dispensent en aucun cas de consulter un professionnel de la santé, chaque fois que cela est nécessaire.

Seul un médecin est habilité à poser des diagnostics, prescrire, modifier ou supprimer tout traitement médical.

Toute question relevant du domaine médical est à poser à votre médecin traitant.

QUI SUIS-JE

Je m'appelle Yannick, je suis né en 1976 à Cannes. J'ai été élevé dans l'amour inconditionnel d'une mère pour son fils unique, bref, j'ai eu une enfance heureuse !

J'obtiens mon BAC ECONOMIE et je travaille rapidement dans un domaine où je me sens à l'aise : l'informatique car j'ai eu mon 1er ordinateur à l'âge de 8 ans (CPC464).

Je réussis même à créer ma société dans ce domaine, ce qui me permet de bien gagner bien ma vie et d'être propriétaire de 3 appartements... Jusque-là difficile de se plaindre non ?

Je n'ai à ce jour ni femme ni enfant, mais j'ai tout de même une vie bien remplie, que ce soit grâce à mes amis ou grâce aux petites amies qui ont partagé ma vie. Puis ma mère décède d'un cancer en 2007, il ne reste donc que mon père avec qui je n'ai pas de bonnes affinités. Il décédera lui aussi 10 ans plus tard). Je n'ai jamais connu mes grands-parents, ni eu plus de famille que ça sur place. Je tiens le coup et je digère la situation.

Mon principal business se casse la figure, mes revenus dégringolent mais j'ai toujours 3 crédits immobiliers à assumer. Les mises en demeure s'enchainent, je tente de rebondir mais la vérité est là :

Je n'arrive plus à tout payer, il faut que je trouve une solution !

Je prends alors la difficile décision de vendre ma résidence principale pour souffler financièrement.

En 2017 j'en profite pour partir en tour du monde et essayer de remettre du soleil dans ma vie, sans succès : je fais une dépression au bout de huit mois de voyage au bout du monde...

Vous pouvez d'ailleurs m'écouter en pleine dépression sur ma chaine YouTube de voyage, mais à ce moment-là je n'ai pas encore compris tout à fait mon état :

https://www.youtube.com/watch?v=iO1wTizDtos

Je pense alors que c'est simplement le fait d'être loin de chez moi qui me pèse... si je savais...

Si vous comparez cette vidéo aux vidéos de mon début de voyage, on voit nettement la différence au niveau motivation...

Deux mois plus tard, je reviens en France retrouver mes racines, mes amis, pensant que ça réglerait le problème... mais rien n'y fait.

Les symptômes s'accumulent et deviennent alors évidents :

Je fais une dépression !

LA RECONNAÎTRE

Avec le recul, il paraît simple de reconnaître la dépression. Un sentiment très fort… de se sentir faible et inutile, et cela, toute la journée.

Vous n'avez plus le goût à rien, plus rien ne vous fait sourire, au contraire, tout vous irrite, vous avez l'impression d'être le seul à voir que la vie est sans saveur, que vous êtes arrivé au bout du chemin.

Tout vous demande un effort incroyable, vous lever du lit le matin étant le plus difficile…

Vous avez l'impression de ne plus comprendre ce monde et que ce monde ne vous comprend plus.

L'engrenage commence : la moindre contrariété prend des proportions énormes, vous ne supportez pas qu'on ne vous rappelle pas ou qu'on vous refuse quelque chose.

Du coup, les gens prennent des distances avec vous et cela accroît votre sentiment de rejet de la société (ou de la société dans laquelle vous travaillez pour le burnout).

Vous n'avez plus la force de résoudre le moindre petit souci, les courriers s'accumulent, les petits problèmes s'additionnent…

Votre entourage est trop occupé à régler ses propres problèmes qu'il ne remarque même pas votre mal-être, vous vous sentez seul et impuissant face au monde entier...

Vous en arrivez à penser au pire, à la solution de facilité, à vous échapper de ce monde qui n'est plus le vôtre, mais une petite voix intérieure vous garde à l'état de zombie pour le moment.

Bien entendu, les répercussions physiques vont de pair : baisse ou perte de libido, problèmes de transit et/ou de digestion, fatigue dès le réveil et tout au long de la journée, prise de poids.

Personnellement, je sais créer un site internet pour des clients, réparer un ordinateur, réaliser des vidéos professionnelles, organiser des évènements publiques, etc. ET POURTANT je me disais souvent :

JE NE SUIS QU'UNE MERDE, JE NE SERT A RIEN…

À ce stade, vous n'avez qu'une envie c'est de rester au lit devant la TV et laisser le monde fonctionner à 100 à l'heure sans vous !

MAIS J'AI UNE BONNE NOUVELLE !

Si vous vous êtes lisez ce document, c'est que tout n'est pas perdu et que vous avez envie de vous en sortir : c'est ce premier déclic qui va tout changer.

En tous cas pour moi, ce fût le premier pas qui m'a permis de mettre en marche la machine anti dépression !

Vous n'aimez plus ce monde, désolé mais il n'y a pas d'autres alternatives agréables, nous allons donc réapprendre à l'apprécier ensemble à l'aide de ma méthode.

MA MÉTHODE

L'anecdote est véridique, l'été du point culminant de ma dépression, je me suis retrouvé sur un yacht à boire du champagne en compagnie de deux charmantes jeunes filles (et du propriétaire).

Je regardais pourtant régulièrement la mer avec un regard mélancolique et une âme complètement éteinte. En rentrant, je me suis dit, si même dans ces conditions je n'arrive pas à avoir un peu de joie de vivre c'est grave (même si c'est un contexte très superficiel je vous l'accorde).

De là commence une longue recherche de ce mal-être dont je n'aurais jamais pensé pouvoir être victime. Je lis beaucoup, je discute avec des thérapeutes, avec des anciens malades, j'étudie leur méthode, leur expérience, j'en prends, j'en laisse, je synthétise tout ça et je l'applique.

Résultat : une nette amélioration en quelques semaines et un retour quasi à la normale les semaines suivantes après presque 2 ans de mal-être !

Je décide alors de faire connaître ma méthode à tous ceux qui traversent cette période difficile. Qu'est-ce que je vous propose ?

-   pas de prise de médicaments

- pas de changements violents dans votre quotidien
- la mise en place de petits changements tous les jours

JE CROIS EN VOUS !

Si j'ai réussi à m'en sortir, vous allez y arriver aussi !

Alors prêt(e) à reprendre goût à la vie ? C'est parti !

EN SORTIR

A/ LES GRANDS AXES

1/ L'ACCEPTER

Maintenant que l'on a bien identifié les symptômes, il faut l'accepter

OUI c'est une dépression (ou un burnout) !

Accepter est la première clef très importante de votre guérison.

2/ LA COMPRENDRE

Il est assez facile de comprendre qu'il y a forcément des éléments qui vous ont amenés à cet état, mais on a tendance à les sous-estimer, voir à les occulter : cela peut être d'ordre financier, professionnel, familial ou amoureux, en général.

C'est parfois dur à croire pour les plus cartésiens d'entre nous, mais la fatigue physique provient souvent d'une fatigue mentale causée elle-même par notre cerveau qui tourne en boucle sur un sujet qui nous préoccupe : une personne avec qui vous n'êtes plus heureux, une personne à qui vous ne parlez plus, une personne qui vous manque, une charge financière, un manque affectif général, etc.

Sans rentrer dans le grand cliché des névroses liées à l'enfance, fouillez quand même dans le passé. Il va peut-être falloir parler et pardonner à un père, une mère, un frère, une sœur, un fils, une fille ou un proche qui a causé un mal plus important que vous ne le pensez en apparence.

Mais faisons-le de manière plus conviviale…

EXERCICE

=> Prenez une feuille, faites une liste de ce qui vous gâche actuellement la vie et mettez un numéro d'importance à côté.

=> Entourez les 3 plus importants et notez les pour plus tard.

Pour ma part, c'était en 1 un crédit immobilier devenu trop lourd financièrement puis ex-aequo en 2 un manque de projet professionnel et un manque d'attachement affectif.

3/ EN PARLER

a) PAR ÉCRIT

=> Prenez un ordinateur ou une feuille de papier puis essayez d'écrire ce que vous ressentez, comme si vous l'expliquiez à un(e) ami(e) proche ou à un membre bienveillant de votre famille.

N'ayez pas peur de vous dévoiler, de tout extérioriser car au final le contenu de cette « lettre » ne sera dévoilée à personne ou en tous cas peut être pas dans les détails et vous servira simplement plus tard d'aide pour en parler de vive voix…

EXERCICE

=> Recommencez mais cette fois-ci, faites 4 colonnes, écrivez dans la 1ère colonne un événement qui vous a mis mal à l'aise, dans la 2nd votre réaction, dans la 3ème la réaction ou le ressenti de la personne en face et laissez la 4ème colonne vide pour le moment.

Exemple :

COL 1 : j'appelle une amie, je lui laisse un message en fin de journée, je n'ai toujours pas de nouvelles 24 heures plus tard

COL 2 : énervé et déçu, je lui envoie un message en lui disant "ça te ferait mal au c** de répondre à mon message vocal stp ?"

COL 3 : elle me répond elle aussi avec agressivité et la conversation tourne au vinaigre

Revenez sur cet exercice à la fin de la lecture et de la mise en application de ma méthode.

Écrivez alors la réaction qu'elle aurait sûrement préféré avoir de votre part dans la 4ème colonne.

COL 4 : "coucou, je t'ai laissé un message sur ton répondeur hier soir, je ne sais pas si tu as eu le temps de le consulter…". Ainsi malgré ma déception, j'obtiendrai un bien meilleur retour de sa part.

L'intérêt de cet exercice est de vous faire prendre conscience que votre réaction est peut-être faussée et amplifiée négativement par votre état.

Mettez-vous à la place de votre interlocuteur, agissez avec moins d'impulsivité et forcez-vous à avoir une attitude plus positive.

b) PAR ORAL

Il est temps de passer à la prochaine étape, voir L'ÉTAPE la plus importante : en parler à une personne à l'écoute.

Cela paraît facile à dire mais c'est souvent peu évident à mettre en application, car on se sent honteux et incompris, on ne veut pas en parler à un proche par peur de ne pas être pris au sérieux, de passer pour un faible, comme si la personne allait être déçue et nous ranger dans les rebus de la société (ce n'est pas le cas !).

On s'attend aussi à une remarque désinvolte du type "Allez viens, on sort boire un verre, ça ira mieux, tu as juste besoin de te changer les idées !"

=> rien de plus énervant dans notre situation…

EXERCICE

=> Choisissez un ami proche, de préférence équilibré socialement et professionnellement, demandez à le ou la voir seul(e) dans un environnement calme et SURTOUT demandez-lui de vous écouter sans vous interrompre.

Vous pouvez vous aider de la « lettre » que vous avez écrit précédemment et même la lire à voix haute si c'est plus facile pour vous.

Commencez par lui dire que vous êtes en burnout (même si vous ne travaillez pas) car le mot est mieux accepté et dites-lui que cela touche une personne sur cinq de nos jours… DONT VOUS !

Si vous n'arrivez pas à dire le mot DÉPRESSION, c'est normal, il ne sort pas facilement. Essayez de dire quelques chose comme "Je crois que c'est une sorte de dépression" même si vous, vous savez désormais que c'en est une.

Décrivez-lui vos symptômes, dites-lui que vous ne cherchez pas son aide directe ou à être plaint mais seulement à être entendu(e) et compris(e).

Libre à cette personne de vous dire ce qu'elle en pense après votre monologue (si ce n'est pas le cas, ce n'est pas grave, l'important est d'avoir pu en parler à quelqu'un).

Si vous voulez apporter un brin d'humour à cette situation malaisante, expliquez-lui que ça arrive surtout aux gens intelligents car ils réfléchissent trop (ce qui n'est pas faux en soi).

=> Si vous n'avez pas d'ami proche à ce moment-là, consultez un thérapeute ou un médecin généraliste qui auront une oreille attentive à votre problème sinon passez à un autre professionnel plus empathique ou qui vous correspond.

Consulter des praticiens issus de la médecine douce peut être une bonne alternative.

4/ RÉGLER LE OU LES PRINCIPAUX PROBLÈMES

Un peu plus haut, nous avons fait un exercice pour déterminer les sources de notre mal-être.

Reprenons l'exemple du crédit qui plombait ma trésorerie. La première fois que j'ai appelé le service de recouvrement, je n'étais pas en très grande forme psychologique, et la conseillère a donc eu naturellement le dessus, avec un tel professionnalisme à me mettre la pression que lorsque j'ai raccroché j'étais encore plus mal qu'avant mon appel.

J'ai cherché dans mon entourage une personne à l'aise avec les assurances et les banques, et je lui ai amené mon dossier afin de lui expliquer mon cas. Comme c'est une amie qui m'apprécie (ce n'est malheureusement plus un pléonasme de nos jours), elle m'a montré que je n'étais pas si en faute que ça et que même, c'était le montage financier qui avait été un peu abusif.

J'ai rappelé la conseillère et je me suis inspiré de tout ce que m'avait dit mon amie (j'avais noté ce qui jouait en ma faveur et ce qui ne jouait pas en la leur).

Résultat : c'est moi qui avait le contrôle de la discussion et elle m'a dit "très bien, faites-moi suivre tout ce que vous m'avez indiqué vouloir faire pour que je l'ajoute à votre dossier". J'ai raccroché avec un sentiment que je n'avais pas ressenti depuis très longtemps :

DE LA SATISFACTION PERSONNELLE !

Ce sera désormais le nouveau moteur de ma guérison !

Ainsi j'ai pu cibler un de mes problèmes principaux et j'ai mis en place quelque chose pour le solutionner. C'était un poids de moins, qui me tirait chaque jour plus fort vers le bas, dont je venais de me libérer !

Mise à jour : le bien immobilier dont dépendait le crédit a été vendu malgré une tentative de blocage de la banque, un arrangement pour leur régler le solde a été trouvé (ce fut une vente à perte, merci à la loi Cellier).

Un grand classique de la dépression est ce sentiment d'être acculé par une multitude de (petits) problèmes et même si on sait qu'ils ne sont pas insurmontables, leur nombre grandissant chaque jour suffit à nous démotiver d'en résoudre ne serait-ce qu'un...

ERREUR car sinon c'est l'engrenage infernal !

Il FAUT vous concentrer sur UN SEUL PROBLÈME A LA FOIS et occulter les autres.

Une fois que vous en avez résolu un, passez au suivant. Vous pouvez commencer par un problème pas trop difficile à solutionner pour vous donner confiance et ensuite passer à celui qui a le plus d'impact sur votre vie pour vous enlever la plus grosse épine du pied dès le départ (si possible).

Certains problèmes vous demanderont un grand courage, comme quitter votre métier ou une relation toxique pour vous. Donc, si vous ne vous y sentez pas prêt(e) pour le moment, laissez cette partie pour la fin, lorsque vous vous sentirez mieux grâce aux axes plus légers.

B/ LES AXES PLUS LÉGERS

Nous parlions de satisfaction personnelle plus haut, nous allons voir qu'il est important de savourer de petites victoires quotidiennes avant d'arriver à la victoire ultime.

1/ LIBÉRER DU TEMPS

Vous allez devoir vous créer un nouvel espace de temps pour accomplir de petites choses, rien de mieux que le matin, je sais, ce moment pourtant si difficile où il faut sortir du lit.

Vous allez mettre votre réveil 1h plus tôt pour commencer puis 2h plus tôt pour ceux qui le peuvent, tous les jours de la semaine (complète si possible, sinon au moins 5 jours sur 7). Vous devrez vous réveiller à 6 ou 7h, même ceux qui ne travaillent pas.

Je vous donne une astuce => écoutez cette vidéo dès votre première minute de réveil :

https://www.youtube.com/watch?v=U1pYrwVHZ44

Dans les premiers temps, utilisez la première demi-heure pour réfléchir calmement (peu importe le sujet, plutôt léger et positif) mais veillez à ne pas vous rendormir bien sûr.

N'utilisez pas ce temps pour vérifier vos notifications (emails, messages, réseaux sociaux) et n'allumez pas la télévision ou l'ordinateur.

OPTIONS :

=> avalez un bon petit déjeuner et/ou un grand verre d'eau fraiche pour palier à la déshydratation nocturne

=> prenez une douche chaude et terminez-la par une douche froide les 10 dernières secondes, puis les 20 dernières les fois d'après, puis les 30 dernières les fois d'après.

Si vous en êtes au stade de rester tous les jours chez vous sans vous habiller, voir sans vous laver chaque jour, forcez-vous à vous préparer comme si vous alliez sortir pour un rendez-vous galant, c'est important de garder la meilleure image de vous-même.

Voilà, normalement vous vous sentez frais et dispo pour démarrer n'importe quelle activité.

Maintenant que vous avez pu libérer un peu de temps, nous allons le mettre à profit pour la partie accomplissement.

2/ L'ACCOMPLISSEMENT vs LA DÉCONSIDÉRATION

Vous allez utiliser votre nouvel espace de temps pour accomplir de petites choses, mais il est essentiel d'aller jusqu'au bout pour vous procurer un sentiment d'accomplissement, car OUI vous servez à quelque chose et NON il n'y a pas de petite fierté !

a) L'ACCOMPLISSEMENT INTELLECTUEL

Écrivez sur un sujet qui vous intéresse, un sujet où vous êtes toujours curieux d'en apprendre un peu plus régulièrement et rassemblez ces informations ou ces photos au même endroit.

Présentez-les à votre sauce en retravaillant le texte ou l'image (via un site web gratuit, une page Facebook, un compte Instagram).

Vous pouvez également participer à un potager ou à une association (pour aider les handicapés ou les enfants par exemple). Le sentiment d'une tâche achevée et du retour des autres (positif on l'espère) devrait vous apporter votre petite dose journalière de satisfaction.

Si vous n'avez pas du tout l'âme d'un photographe ou d'un écrivain en herbe, utilisez le très classique accomplissement sportif, même d'intensité modeste.

b) L'ACCOMPLISSEMENT SPORTIF

Selon une étude récente publiée dans le journal médical JAMA, la pratique régulière d'exercices de résistance, comme lever des poids, atténue significativement les symptômes de la dépression.

La pratique régulière d'une activité physique ne provoque aucun effet secondaire (contrairement aux médicaments), est peu coûteuse (contrairement à la psychothérapie) et génère une foule de bénéfices pour la santé en termes de prévention des principales maladies chroniques. Notamment, l'exercice régulier est reconnu pour réduire grandement le risque de mortalité prématurée due aux maladies cardiovasculaires, qui représentent la principale cause de décès des personnes touchées par une dépression.

Une méta-analyse publiée cet été dans JAMA Psychiatry a examiné l'effet des exercices de musculation sur les symptômes de la dépression mesurés dans 33 essais cliniques réalisés auprès de 1877 personnes.

Les chercheurs ont observé que les personnes qui pratiquaient régulièrement ce type d'exercice (2-3 fois par semaine) ont rapporté une réduction significative de plusieurs symptômes dépressifs, comme l'humeur maussade, le manque d'intérêt et le sentiment d'inutilité, comparativement à celles qui étaient inactives.

La plus grande amélioration a été notée chez ceux qui présentaient des symptômes dépressifs variant de faibles à modérés, un résultat intéressant puisque ce sont justement ces personnes qui répondent le moins bien aux médicaments antidépresseurs.

Il faut aussi noter que la réduction des symptômes de la dépression observée chez les personnes pratiquant les exercices de musculation n'est pas associée à la durée et à l'intensité des exercices, ni à une amélioration de la forme physique qui découle de l'activité physique.

Autrement dit, le simple fait de faire ce type d'exercice, indépendamment de ses effets « physiques » sur la force et l'endurance, est suffisant pour générer des effets positifs sur l'humeur.

Les bienfaits de l'exercice physique sur la santé, l'humeur, le sommeil, la prévention ou le rétablissement après un problème de santé ne cessent d'être mis à jour.

Autant s'y mettre dès maintenant !

Source : Pressesante.com

Enfilez un tee-shirt, un jogging (oui-oui, celui du canapé), une paire de basket et aller courir dans un petit coin de nature si possible ou autour de chez vous et surtout, à votre rythme.

Arrêtez-vous quand vous en avez marre.

Vous avez fait 10 minutes la première fois ?

Ce n'est pas grave, vous ferez quelques minutes de plus la prochaine fois. Essayez de vous imposer cet exercice au moins deux fois par semaine (c'est ce que recommande l'Organisation Mondiale du Sport).

Vous n'aimez pas courir ? Optez pour le vélo ou la natation si cela vous convient plus, le but étant de se bouger tout en progressant.

Vous l'aurez compris, l'important est de commencer et de terminer de petits accomplissements afin d'en tirer une fierté qui sera le moteur de votre journée.

Pourquoi le sport ? Parce qu'il envoie de la dopamine et de la sérotonine à vos neurotransmetteurs responsables du sentiment d'être heureux, ce qui normalement est le but des antidépresseurs mais il faut savoir que parfois, ils ne fonctionnent pas et dans certains cas, ils peuvent vous rendre dépendant.

La sérotonine est un agent chimique. On dit couramment qu'il s'agit d'un neurotransmetteur. Scientifiquement, c'est plutôt un neuromodulateur, chargé de moduler et de réguler différents systèmes impliqués dans les émotions, l'appétit, le sommeil, l'agressivité…

90 % de la sérotonine se trouve dans le corps, notamment dans le tube digestif et dans le sang. Ces différents systèmes ne communiquent pas entre eux. La sérotonine du sang et celle du tube digestif ne peuvent pas passer dans le cerveau.

Mais il existe sûrement des liens, en particulier par l'impact sur les nerfs. D'ailleurs, on utilise certains médicaments antidépresseurs – qui augmentent les effets de la sérotonine - pour traiter les douleurs abdominales.

La grande majorité des médicaments antidépresseurs agit sur la sérotonine et augmente ses effets. Ils évitent que la sérotonine soit dégradée trop rapidement dans le cerveau.

Dans la dépression, il y a probablement un défaut dans l'équilibre de la sérotonine, plutôt qu'un défaut de production.

On trouve, dans l'alimentation, des précurseurs comme le tryptophane qui permet de construire de la sérotonine dans le cerveau. On en trouve notamment dans les bananes ou les tomates.

On sait que, si l'on prive une personne de tryptophane, elle va devenir déprimée. Mais, on ne peut pas baser un régime alimentaire là-dessus. Il vaut mieux manger normalement, équilibré, pour éviter un déficit en tryptophane et en sérotonine.

Source : SanteMagazine.fr

3/ L'ALIMENTATION

En plus de l'exercice, les études montrent que les habitudes alimentaires peuvent elles aussi influencer positivement la gravité des symptômes de la dépression. Par exemple, une étude française a récemment rapporté que l'adoption d'une alimentation de type méditerranéen anti-inflammatoire (riche en fruits et légumes, noix, poisson et céréales) est associée à une diminution de 33 % du risque de dépression.

À l'inverse, ils ont observé qu'une alimentation de type occidental pro-inflammatoire, c'est-à-dire pauvre en végétaux, mais riche en viandes et charcuteries, en produits à base de farines raffinées et en sucreries, est associée à un risque accru de dépression.

Comme toutes les cellules du corps, la fonction des neurones du cerveau est fortement influencée par les conditions qui prévalent dans l'organisme et il va de soi que la création d'un climat inflammatoire chronique ne peut qu'avoir des répercussions négatives sur les fonctions mentales.

Ceci expliquerait donc pourquoi une saine alimentation et l'exercice physique régulier, qui exercent tous deux une forte action anti-inflammatoire, peuvent améliorer l'humeur et diminuer la fréquence et l'intensité des épisodes de dépression.

Source : JournaldeMontreal.com

Évitez les aliments qui favorisent le surpoids et l'accumulation de la graisse (hamburgers, aliments à l'huile traitée, etc.). Privilégiez par contre les aliments riches en sélénium.

Les grains entiers, les fruits de mer et les abats de foie sont enrichis de sélénium et pourraient avoir d'excellents effets sur l'humeur. En plus de ces aliments, consommez :

- Les aliments riches en vitamine D : saumon, thon, maquereau, etc.

- Les aliments riches en acides de type Oméga-3 : graines de lin, grains de chia, amandes, etc.

- Les aliments riches en vitamine B-12 : œufs, poissons, lait, viande de volaille

Source : Penser-et-Agir.fr

Ces conseils alimentaires ne peuvent en aucun cas se substituer à un avis médical ou à celui d'un nutritionniste.

Certes, votre assiette ne fait pas tout. Mais vous risquez moins de subir les effets de la dépression si vous mangez mieux et que vous privilégiez la nourriture saine.

Désolé, mais vous le saviez déjà, noyer votre chagrin dans le chocolat, la malbouffe, l'alcool ou pire la drogue ne va faire qu'accroître votre mal-être.

Un thérapeute m'a conseillé une petite cure d'un seul mois (donc 30 gélules) de compléments alimentaires (Vitamine B1/B6/B12/B9/D/E, Zinc, Curcuma, Thé Vert), que vous trouverez sur le site suivant :

https://www.metagenics.fr/products/complement-tonus-cerebral

Pour ma part, ça a contribué à mon rééquilibrage.

4/ LA RESPIRATION

Attention aux mini apnées inconscientes, ces moments où l'on diminue l'amplitude de sa respiration sans s'en rendre compte. Ces apnées peuvent amplifier ce sentiment de mal à l'aise, de boule au ventre perpétuelle.

Apprenez donc à vous écouter respirer et forcez-vous à respirer façon yoga en prenant de longues inspirations et de longues expirations en vidant le bas du ventre régulièrement dans la journée, surtout après un pic de stress.

5/ LE STRESS

Toutes les fois où une chose, ou plus souvent, une personne, nous énerve (voiture, file d'attente, mauvaise communication), cela va venir nourrir un peu plus notre état d'anxiété journalier.

EXERCICE

J'ai donc trouvé une phrase magique pour neutraliser ma montée de stress envers quelqu'un avant même qu'elle puisse atteindre son pic et me gâcher la journée.

Cela paraît bête à lire hors contexte mais dites à haute voix "Je ne suis que paix et amour" (ou intérieurement si la situation ne le permet pas) tout en utilisant la respiration type yoga citée plus haut.

Vous verrez que votre stress va redescendre comme s'il envoyait un signal à votre cerveau du type : "Est-ce que cette personne vaut vraiment la peine de nous gâcher la journée et notre santé ?". En général, votre cerveau connaît la bonne réponse !

Vous pouvez essayer aussi la posture dites de SUPERMAN : vous vous tenez bien droit, le torse gonflé, les bras serrés et vous arborez votre plus gros sourire pendant 10 à 30 secondes. Cela va feinter votre cerveau et vous apporter une dose de bien-être !

6/ LES HUMAINS

Rapprochez-vous des gens les plus "humains", ceux qui ont du cœur, ceux qui s'intéressent à vous pour ce que vous êtes, qui ont un "historique" avec vous, ceux qui sont dans l'échange et le partage et oubliez un temps les égoïstes, les égocentriques et les carriéristes.

En cette période délicate, il va falloir compter sur le soutien inconditionnel de ceux qui ne jugent pas une personne sur le bon sentiment qu'elle leur renvoie à un instant T.

Privilégiez au contraire les personnes qui auront la patience et la clairvoyance de comprendre que vous n'êtes pas au top de vous-même et que vous n'êtes pas contre un peu de considération.

Pardonnez à votre entourage de ne pas avoir remarqué votre mal être ou de ne pas vous donner l'intérêt que vous aimeriez, ils ne s'en rendent certainement pas compte et ne le font pas consciemment. Vous n'êtes tout simplement pas sur la même fréquence qu'eux à ce moment-là.

"Exige beaucoup de toi-même et attends peu des autres. Ainsi beaucoup d'ennuis te seront épargnés." - Confucius

Profitez-en pour faire un peu de ménage dans votre entourage, ne courez pas après les gens, ceux qui se soucient réellement de vous n'ont pas besoin d'être relancés plusieurs fois pour vous répondre ou pour vous voir.

EXERCICE

Provoquez l'envoi de bonnes ondes de la part de parfaits inconnus en vous forçant à de bonnes actions comme laisser passer une voiture, un piéton ou en souriant tout simplement quelques secondes à votre prochain.

Vous verrez que dans le lot, certains vous répondront positivement et ça vous fera du bien (oubliez bien évidemment tous les mal élevés et rappelez-vous du « je ne suis que paix et amour... »).

7/ VOTRE AMI L'ANIMAL

Pour ceux qui n'ont pas la chance d'avoir une personne qui vous apporte l'amour nécessaire pour booster la plupart de vos journées (conjoint, famille, enfant), n'oubliez pas que l'animal de compagnie (chien ou chat) reste une valeur sûre en terme d'échange et vous aidera à mieux cycler votre vie (obliger de sortir le chien et de lui donner à manger).

Attention je ne vous dis pas de vous ruer sur le premier refuge du coin et de délaisser votre nouveau meilleur ami une fois que vous irez mieux, prendre un animal de compagnie c'est une décision qui doit être mûrement réfléchie et surtout assumée ensuite !

8/ LA MÉDITATION

La médiation, si chère aux amoureux du yoga, peut être bien évidemment un bon moyen de calmer vos angoisses ou vos anxiétés.

Pas forcément besoin de se mettre en position du lotus pour cela, une simple balade au bord de mer ou en forêt, pieds nus de préférence, peut vous aider.

Dans ce cas, prenez le temps de toucher le sable et l'eau, ou la terre et les arbres et tentez de vous imprégner de la sérénité de la nature.

Évidemment si vous avez déjà été tenté par le Yoga, foncez pour le pratiquer, cela ne pourra qu'être bénéfique pour apaiser et réguler vos tensions et vos angoisses…

EXERCICE

Achetez un petit cahier/journal/carnet et inscrivez chaque matin (ou chaque soir si cela vous convient mieux) 3 choses dont vous êtes reconnaissant ou fier sur les dernières 24 heures, même les plus futiles.

Exemple : « rangement armoire, repos, ami, soleil » ou « douche, repas, appel d'un ami »

Ce sera votre carnet de gratitude et de fierté, utilisez-le tous les jours et revenez lire les jours précédents dans les moments de doutes…

9/ LES MÉDIAS

a) LES POSITIFS

Privilégiez les musiques entrainantes et les films drôles ou pleins de bons sentiments pour faire le plein d'énergie positive et chasser le négatif.

Remettez la main sur un vieil album (Guns N' Roses, Madonna, Ace of Base, etc.) ou un vieux film (Pretty Woman, Roger Rabbit, etc.) qui vous rappelle de bons souvenirs d'enfance mais sans vous plonger pour autant dans une nostalgie négative.

Le fait d'écouter de la musique qu'on aime impacte la production de neurotransmetteurs tels que la sérotonine et surtout la dopamine qui, nous l'avons déjà vu, influent sur notre humeur.

La musicothérapie est connue depuis bien longtemps pour ses propriétés relaxantes et régénérantes.

Pendant des siècles, les cultures indigènes ont utilisé la musique pour améliorer leur bien-être et leur santé.

Le Dr David Lewis-Hodgson de Mindlab International a conduit une étude sur l'effet de la musique sur le stress.

En écoutant la chanson « Weightless », l'anxiété générale des participants est redescendue de 65% en moyenne. Il a également noté une amélioration de 35% sur l'état physiologique.

Source : Lumiiq.com et vidéo Youtube : https://www.youtube.com/watch?v=UfcAVejslrU

Mais vous pouvez aussi trouver celle qui vous correspond le mieux :

"La musique chasse la haine chez ceux qui sont sans amour. Elle donne la paix à ceux qui sont sans repos, elle console ceux qui pleurent." - Pablo Casals

b) LES NÉGATIFS

Évitez les journaux télévisés qui regorgent de mauvaises nouvelles (vous survivrez quelques semaines sans savoir ce qui se passe dans votre pays ou dans le monde) et à l'inverse, évitez les musiques ou les films tristes qui vous feront tomber un peu plus dans un état de spleen qui n'aura rien de poétique celui-là (référence à celui de Baudelaire).

MAIS SURTOUT, j'aimerais vous parler de votre pire ennemi : LA PROCRASTINATION !

10/ VOS ENNEMIS PRINCIPAUX

a) Procrastiner, ou le fait de remettre les choses à plus tard, est un de vos ennemis les plus forts et les plus fourbes. Un courrier à rédiger, une facture à payer ou un service client à appeler ?

Oui je sais c'est le plus difficile, mais c'est comme sauter en parachute ou du haut d'une cascade, si vous réfléchissez trop, vous ne sauterez jamais, mais si vous y allez d'un coup, ça se passe bien en général !

Alors faites-le sans plus tarder et sans réfléchir, vous en tirerez une satisfaction certaine après avoir raccroché ou posté ce satané courrier !

=> Ainsi vous allez pouvoir transformer un sentiment négatif de tâche qui s'accumule en sentiment positif d'accomplissement.

"Ce n'est pas parce que les choses sont difficiles que nous n'osons pas, c'est parce que nous n'osons pas qu'elles sont difficiles." – Sénèque

b) Les réseaux sociaux sont une gangrène pour notre société, je suis désolé d'être un peu virulent sur le terme, mais passé le côté pratique de partager le dernier né avec sa famille, c'est plutôt à celui qui mettra la plus jolie photo de vacances ou qui publiera l'anecdote la plus gratifiante (storytelling) pour se faire mousser.

De l'autre côté de l'écran, on ne mesure pas encore les effets nocifs sur le moral de ceux qui en sont les témoins malgré eux. Je ne vous parle même pas des règlements de compte sur la place publique qui virent au pugilat.

N'oubliez jamais que les gens montrent ce qu'ils veulent bien montrer de leur vie, donc souvent la partie la plus reluisante, tous leurs moments de doute ou de mal-être, ils les gardent pour eux, tout comme vous et moi...

Vous croyez vraiment que cela va vous aider à vous sentir mieux de regarder la pseudo vie parfaite des autres ?

NON et vous avez raison !

EXERCICE

Ma solution N°1 : retirer ces applications le temps de vous remettre en selle, même si vous pensez que cela va encore plus vous exclure.

Et pourtant non, cela va vous aider à vous sentir mieux et à faire le tri ! Certains n'hésitent pas à revenir au bon vieux téléphone et à ses SMS. Vérifiez par contre que vous avez bien les numéros de téléphone de vos principaux amis et contacts proches.

Ma solution N°2 : n'utilisez ces applications que pour répondre aux messages et SURTOUT ne faites pas défiler les actualités des autres, c'est complètement chronophage et nocif croyez-moi !

Ma solution N°3 : le DIGITAL DAY OFF !

Une fois par mois ou par semaine pour les plus courageux, il « suffit » de désactiver les données mobiles et wifi de votre smartphone, ainsi celui-ci se transformera par magie en simple téléphone, donc plus d'excuses que vous ne pouvez pas recevoir les appels du travail, de votre conjoint ou de vos enfants !

Ça va être difficile, surtout pour combler les moments où vous vous ennuyez (toilettes par exemple), mais vous allez pouvoir ré apprécier de regarder autour de vous ou de parler à votre prochain ;)

11/ VOS AUTRES ENNEMIS

a) Se disperser à vouloir entreprendre ou régler plusieurs choses à la fois sans les terminer ce qui vous donnera un sentiment d'insatisfaction et cette sensation de vous noyer sous une tonne de tâches différentes.

b) Ne pas se réfugier dans le travail (pas épanouissant sauf rares exceptions).

c) Éviter les personnes toxiques qui vous tirent vers le bas ou qui vous "pompent" votre énergie.

d) Éliminer tout le superficiel en général : les gens, les lieux, les activités, les réseaux sociaux (ou moins).

e) Évidemment, évitez de vous transformer en zombie devant Netflix ou devant votre Playstation, cela ne va pas faire avancer les choses, au contraire…

f) Votre téléphone portable peut facilement vous empêcher de vous concentrer sur votre bien-être, pour cela mettez-le plutôt sur vibreur ou carrément sur silencieux pour ne pas être pollué(e) par ses sonneries intempestives !

Si vous êtes (trop) souvent sollicité(e) par téléphone dans le cadre de votre travail et surtout hors de vos horaires professionnels, utilisez facilement un second numéro sans changer de téléphone ni de puce grâce à l'application ON/OFF et mettez sur OFF dès que vous n'êtes plus en mode boulot !

12/ (RE)FAITES-VOUS CONFIANCE

Combien de fois j'ai stressé en pensant égarer quelque chose et en me traitant de tous les noms.

Puis j'ai ensuite retrouvé, rangé dans un autre endroit moins habituel, la chose en question. En effet, ayant peu confiance en moi à ce moment-là, je l'avais forcément perdue.

Avec le temps, j'ai appris à ne plus paniquer inutilement et à me dire, attends, tu n'es pas bête, tu as dû le ranger autre part. Prenez le temps de reprendre confiance en vous, si vous êtes arrivé jusque-là dans la vie c'est que vous n'êtes pas si nul que ça !

13/ LES THERAPEUTES

Ne négligez pas l'option thérapeute, que ce soit via un énergéticien ou comme ça a été mon cas, un acupuncteur, cela peut vous permettre de vous donner un gros coup de pouce pour vous sentir mieux.

Effet placebo ou pas, pour ma part, cela a fonctionné, ça m'a donné un coup de boost non négligeable !

Je pars du principe que peu importe l'outil utilisé, du moment que cela permet de faire sortir ce qui vous ronge de l'intérieur ou au minimum de vous faire vous sentir mieux après…

14/ LE PSYCHOLOGUE

Personnellement je n'ai pas voulu intégrer sa consultation à ma méthode, malgré le conseil de plusieurs amis, mais je reste persuadé que ce n'est pas une mauvaise idée, à condition de tomber sur le bon (ce qui n'a pas été le cas 2 fois pour ma part).

Si vous ressentez le besoin de vider votre sac et que vous n'avez pas pu le faire avec un de vos amis alors consultez-en un. Si vous ne vous sentez pas mieux dès la première visite, changez pour un autre jusqu'à ce que vous vous sentiez comme avec un ami !

15/ L'ALCOOL

L'alcool est malheureusement à la fois ton meilleur ami et ton pire ennemi. Il a plein d'avantages en apparence. C'est tout d'abord un lubrifiant social qui va te permettre de parler facilement à n'importe qui ou presque et d'adoucir voir d'oublier temporairement ton mal-être l'espace d'un soir ou d'une journée. Mais en boostant ton niveau de dopamine et de GABA lorsque tu es alcoolisé, tu vas te sentir encore plus mal les jours d'après, car ton cerveau n'aura plus assez de ces neurotransmetteurs en stock pour voir la vie en rose…

16/ LA DROGUE

La drogue c'est comme l'alcool mais avec des effets multipliés. Thierry Ardisson disait de la drogue : « Au début tu en prends pour être bien et après tu en prends pour ne pas être mal… ». Tout comme l'alcool, il va « doper » les mêmes neuros transmetteurs pour les mettre à plat le lendemain et en plus ça va te griller des neurones de manière définitive ! Clairement une fausse bonne idée à proscrire !

17/ LES MÉDICAMENTS

Personnellement, je préfère éviter une thérapie médicamenteuse sauf avis médical contraire. Mon approche ici reste non médicamenteuse.

À savoir : les antidépresseurs sont des médicaments sur ordonnance, utiles surtout pour des dépressions modérées à sévères. Ils ne sont pas classés comme "drogues" addictives, même si des symptômes de sevrage à l'arrêt peuvent exister → on en parle avec son médecin et on diminue progressivement si besoin.

18/ L'ARGENT

Certes, avoir de l'argent ne contribue pas forcément au bonheur mais a contrario, avoir des soucis financiers augmentent grandement les risques de stress et de dépression.

Dans ce domaine une autre phrase "magique" m'a beaucoup aidé :

"L'argent c'est de l'énergie, il doit circuler."

Vous avez eu une dépense inattendue ? Ne faites pas un blocage dessus et dites-vous qu'une rentrée prochaine viendra la compenser.

On touche ici plus à la notion de pensée positive mais croyez-moi ça fonctionne régulièrement si on y croit !

19/ FAITES-VOUS PLAISIR !

Cela fonctionne surtout pour les plus matérialistes d'entre nous mais vous faire plaisir avec un petit achat raisonnable, quelque chose que vous pourrez voir tous les jours et qui va vous procurer un léger sentiment de plaisir (ah la société de consommation…).

Voici quelques exemples :

- Une jolie paire de lunette de soleil : https://amzn.to/4hQ3nGx

- Une jolie montre connectée pour évaluer votre progression sportive : https://amzn.to/3JkzpgU

- Un joli petit bracelet zen type yoga, peut vous aider à symboliser un nouvel apport d'énergie : https://amzn.to/3WZpwIx

20/ LE RANGEMENT

On a tous une pièce dans notre logement, un placard ou un dossier où c'est l'anarchie !

EXERCICE

Utilisez votre temps libre (cf. matinées ou autre) pour ranger cet espace, cela ne devrait pas vous demander un gros effort par rapport à d'autres soucis à régler.

Résultat => satisfaction immédiate et journalière à chaque fois que vous allez repasser devant.

C'est aussi très symboliquement comme si vous mettiez de l'ordre dans votre vie !

21/ LA PENSÉE ULTIME

Dans les moments les plus difficiles, je me suis raccroché à une solution ultime qui m'a aidée à ne pas abandonner : me dire qu'au pire, acculé par les problèmes, je pourrais vendre ce qui me reste et partir dans un pays loin et pauvre où je pourrais vivre simplement, sans soucis.

Je suis heureux de ne pas avoir choisi cette solution de facilité, mais ça restait un plan de repli au cas où, ainsi je n'avais pas l'impression que ma vie était un cul de sac sans issue...

Cela peut être aussi tout autre, comme vous battre pour votre enfant, etc.

Gardez juste ça dans un coin de votre tête, comme solution ultime, pour vous dire, qu'il y aura toujours une solution à votre problème...

"Si le plan A ne marche pas, il reste encore 25 lettres de l'alphabet !". - Ulrich Kévick

C/ LA DURÉE

Cette méthode m'a permis de sortir de cette spirale infernale en quelques semaines mais cette durée est donnée à titre indicatif car je l'ai appliquée assidûment et mon mal-être n'était peut-être pas si profond.

En fonction de ces deux critères, cette période peut être beaucoup plus longue donc pas d'inquiétudes si vous ne voyez pas de changement passé un mois ou quelques mois...

On a tous besoin de temps pour remonter la pente, certains plus que d'autres, c'est humain.

Il se peut également que si votre dépression est plus profonde que vous ne le pensiez, et que cela ne fonctionne pas du tout, il est alors primordial de consulter un médecin et/ou un spécialiste.

D/ L'EFFET YOYO

Je dois avouer que parfois il m'arrive d'avoir des jours tristes et cette envie de ne pas sortir de mon lit revient.

J'ai d'abord stressé en me disant que je n'en sortirais jamais, puis j'ai continué à appliquer cette méthode le jour suivant et les phases de doutes se sont espacées petit à petit.

Pour certaines personnes, il va falloir surtout apprendre à vivre avec, mais en étant plus fort, plus positif.

Tout le monde a des jours avec et des jours sans, c'est juste que nous sommes beaucoup plus sensibles à ce cycle pourtant naturel mais tellement plus accentué par la vie d'aujourd'hui…

"La vie est un mystère qu'il faut vivre, et non un problème à résoudre."
– Gandhi

CONCLUSION

Voilà vous savez tout ! Cela peut vous paraître de simples conseils de bon sens, mais on perd parfois ce fameux bon sens, hors il est parfois utile, voire salvateur, de les rappeler et de les condenser.

Je n'ai pas le mérite d'avoir fait des études scientifiques dans ce domaine mais j'ai l'espoir que tous ces petits changements mis bout à bout avec un peu de volonté vous permettront comme moi de sortir de cette spirale infernale qu'est la dépression !

Mettez en place tous ces conseils au moins 4 à 5 fois par semaine pendant un mois, constatez les résultats et gardez ce rythme pour une vie à nouveau épanouie et équilibrée que ce soit d'un point de vue psychologique et par extension physique !

"J'ai appris que le courage n'est pas l'absence de peur, mais la capacité de la vaincre."

- Nelson Mandela

En tous cas, j'apprécie à nouveau l'échange avec mon prochain, la vision d'un coucher de soleil ou d'une balade dans la nature.

J'ai l'impression qu'avant chaque petit caillou disgracieux qui se présentait sur mon chemin retenait toute mon attention et m'empêchait d'avancer (les petits tracas de la vie de tous les jours).

Maintenant je regarde plus loin en direction de la belle montagne qui m'attend (la suite de ma vie).

Je vous souhaite à tous et très sincèrement un prompt rétablissement car n'oubliez pas que vous le méritez, c'est juste que vous n'en avez pas conscience à ce jour !

Je serais heureux d'avoir vos retours d'expérience, que ce soit par email, sur Amazon en commentaire ou sur nos réseaux sociaux (une fois le jeun digital effectué bien sûr) !

Positivement vôtre, Yannick Deslandes.

Me contacter : yayacannes@gmail.com

Et si vous aimez les voyages, voici ma chaine YouTube : French Travel Geek

Remerciements pour leur temps, leur écoute, leur témoignage :

Nadia, Océane, Isabelle, Anne-Claire, Cédric, Elodie, Maud, Émilie, David, Brice, Ornella, Morgan, Romane, Diane et Daniele, Lise, Céline, Matthieu, Stéphanie, Marie, Marion, Vanessa, Camille, Audrey, Jean et Caroline, Marie Jeanne, Alexandre, ainsi que tous ceux qui ont pris la peine de me lire.

QUELQUES ANNÉES PLUS TARD…

Je ne vais pas vous mentir, je m'aperçois que c'est seulement quelques années après avoir mis en place ces petits changements et écrit cette méthode que je me sens vraiment sorti de cette dépression.

En discuter avec de nombreuses personnes, un travail plus épanouissant et le temps ont fait reculer puis (presque) disparaître ce mal-être.

Enfin j'ai tout de même l'impression qu'il sommeille au fond de moi, tapis dans l'ombre, prêt à bondir chaque matin pour me clouer au lit ou dans le canapé, mais je pense avoir appris à l'accepter et le canaliser assez pour plus qu'il ne dirige plus ma vie…

Merci pour votre lecture, je vous souhaite le meilleur !

PROGRAMME 30 JOURS — VERSION DÉTAILLÉE

Jour 1 — Baromètre + acceptation + petit rangement visible.

Objectif: faire « juste assez » pour sortir de l'inertie.

À faire (15–30 min): suivez le thème du jour, puis notez 1 phrase dans votre journal (ressenti + prochain pas).

Si c'est trop: version 2 minutes (une phrase + un geste). C'est valable. Cela compte.

Pourquoi ça marche: vous créez des preuves que vous pouvez agir malgré la lourdeur. Le cerveau suit l'action.

Jour 2 — Lettre non envoyée (dire tout).

Objectif: faire « juste assez » pour sortir de l'inertie.

À faire (15–30 min): suivez le thème du jour, puis notez 1 phrase dans votre journal (ressenti + prochain pas).

Si c'est trop: version 2 minutes (une phrase + un geste). C'est valable. Cela compte.

Pourquoi ça marche: vous créez des preuves que vous pouvez agir malgré la lourdeur. Le cerveau suit l'action.

Jour 3 — Feuille Nœuds & Main (3 nœuds, 1 choisi).

Objectif: faire « juste assez » pour sortir de l'inertie.

À faire (15–30 min): suivez le thème du jour, puis notez 1 phrase dans votre journal (ressenti + prochain pas).

Si c'est trop: version 2 minutes (une phrase + un geste). C'est valable. Cela compte.

Pourquoi ça marche: vous créez des preuves que vous pouvez agir malgré la lourdeur. Le cerveau suit l'action.

Jour 4 — Marche 20 min + respiration 5-5.

Objectif: faire « juste assez » pour sortir de l'inertie.

À faire (15–30 min): suivez le thème du jour, puis notez 1 phrase dans votre journal (ressenti + prochain pas).

Si c'est trop: version 2 minutes (une phrase + un geste). C'est valable. Cela compte.

Pourquoi ça marche: vous créez des preuves que vous pouvez agir malgré la lourdeur. Le cerveau suit l'action.

Jour 5 — Méthode 4×4 (découper le problème).

Objectif: faire « juste assez » pour sortir de l'inertie.

À faire (15–30 min): suivez le thème du jour, puis notez 1 phrase dans votre journal (ressenti + prochain pas).

Si c'est trop: version 2 minutes (une phrase + un geste). C'est valable. Cela compte.

Pourquoi ça marche: vous créez des preuves que vous pouvez agir malgré la lourdeur. Le cerveau suit l'action.

Jour 6 — Routine matin (eau, douche, 10 min micro-tâche).

Objectif: faire « juste assez » pour sortir de l'inertie.

À faire (15–30 min): suivez le thème du jour, puis notez 1 phrase dans votre journal (ressenti + prochain pas).

Si c'est trop: version 2 minutes (une phrase + un geste). C'est valable. Cela compte.

Pourquoi ça marche: vous créez des preuves que vous pouvez agir malgré la lourdeur. Le cerveau suit l'action.

Jour 7 — Bilan + plaisir simple.

Objectif: faire « juste assez » pour sortir de l'inertie.

À faire (15–30 min): suivez le thème du jour, puis notez 1 phrase dans votre journal (ressenti + prochain pas).

Si c'est trop: version 2 minutes (une phrase + un geste). C'est valable. Cela compte.

Pourquoi ça marche: vous créez des preuves que vous pouvez agir malgré la lourdeur. Le cerveau suit l'action.

Jour 8 — Créneau #1 sur le problème (appel/mail).

Objectif: faire « juste assez » pour sortir de l'inertie.

À faire (15–30 min): suivez le thème du jour, puis notez 1 phrase dans votre journal (ressenti + prochain pas).

Si c'est trop: version 2 minutes (une phrase + un geste). C'est valable. Cela compte.

Pourquoi ça marche: vous créez des preuves que vous pouvez agir malgré la lourdeur. Le cerveau suit l'action.

Jour 9 — Mini-projet 7 jours: choisir sujet et sources.

Objectif: faire « juste assez » pour sortir de l'inertie.

À faire (15–30 min): suivez le thème du jour, puis notez 1 phrase dans votre journal (ressenti + prochain pas).

Si c'est trop: version 2 minutes (une phrase + un geste). C'est valable. Cela compte.

Pourquoi ça marche: vous créez des preuves que vous pouvez agir malgré la lourdeur. Le cerveau suit l'action.

Jour 10 — Diète infos; rangement 10 min.

Objectif: faire « juste assez » pour sortir de l'inertie.

À faire (15–30 min): suivez le thème du jour, puis notez 1 phrase dans votre journal (ressenti + prochain pas).

Si c'est trop: version 2 minutes (une phrase + un geste). C'est valable. Cela compte.

Pourquoi ça marche: vous créez des preuves que vous pouvez agir malgré la lourdeur. Le cerveau suit l'action.

Jour 11 — Créneau #2 + SMS « jour bas » prêt.

Objectif: faire « juste assez » pour sortir de l'inertie.

À faire (15–30 min): suivez le thème du jour, puis notez 1 phrase dans votre journal (ressenti + prochain pas).

Si c'est trop: version 2 minutes (une phrase + un geste). C'est valable. Cela compte.

Pourquoi ça marche: vous créez des preuves que vous pouvez agir malgré la lourdeur. Le cerveau suit l'action.

Jour 12 — Sommeil: rituel 20 min.

Objectif: faire « juste assez » pour sortir de l'inertie.

À faire (15–30 min): suivez le thème du jour, puis notez 1 phrase dans votre journal (ressenti + prochain pas).

Si c'est trop: version 2 minutes (une phrase + un geste). C'est valable. Cela compte.

Pourquoi ça marche: vous créez des preuves que vous pouvez agir malgré la lourdeur. Le cerveau suit l'action.

Jour 13 — Cuisine humeur; marche 20 min.

Objectif: faire « juste assez » pour sortir de l'inertie.

À faire (15–30 min): suivez le thème du jour, puis notez 1 phrase dans votre journal (ressenti + prochain pas).

Si c'est trop: version 2 minutes (une phrase + un geste). C'est valable. Cela compte.

Pourquoi ça marche: vous créez des preuves que vous pouvez agir malgré la lourdeur. Le cerveau suit l'action.

Jour 14 — Bilan hebdo; célébrer une victoire.

Objectif: faire « juste assez » pour sortir de l'inertie.

À faire (15–30 min): suivez le thème du jour, puis notez 1 phrase dans votre journal (ressenti + prochain pas).

Si c'est trop: version 2 minutes (une phrase + un geste). C'est valable. Cela compte.

Pourquoi ça marche: vous créez des preuves que vous pouvez agir malgré la lourdeur. Le cerveau suit l'action.

Jour 15 — Créneau #3; poser une limite polie.

Objectif: faire « juste assez » pour sortir de l'inertie.

À faire (15–30 min): suivez le thème du jour, puis notez 1 phrase dans votre journal (ressenti + prochain pas).

Si c'est trop: version 2 minutes (une phrase + un geste). C'est valable. Cela compte.

Pourquoi ça marche: vous créez des preuves que vous pouvez agir malgré la lourdeur. Le cerveau suit l'action.

Jour 16 — Sport 2×10 min; respiration.

Objectif: faire « juste assez » pour sortir de l'inertie.

À faire (15–30 min): suivez le thème du jour, puis notez 1 phrase dans votre journal (ressenti + prochain pas).

Si c'est trop: version 2 minutes (une phrase + un geste). C'est valable. Cela compte.

Pourquoi ça marche: vous créez des preuves que vous pouvez agir malgré la lourdeur. Le cerveau suit l'action.

Jour 17 — Cartographie A/B/C; message à A.

Objectif: faire « juste assez » pour sortir de l'inertie.

À faire (15–30 min): suivez le thème du jour, puis notez 1 phrase dans votre journal (ressenti + prochain pas).

Si c'est trop: version 2 minutes (une phrase + un geste). C'est valable. Cela compte.

Pourquoi ça marche: vous créez des preuves que vous pouvez agir malgré la lourdeur. Le cerveau suit l'action.

Jour 18 — Créneau #4; débrief 4 min.

Objectif: faire « juste assez » pour sortir de l'inertie.

À faire (15–30 min): suivez le thème du jour, puis notez 1 phrase dans votre journal (ressenti + prochain pas).

Si c'est trop: version 2 minutes (une phrase + un geste). C'est valable. Cela compte.

Pourquoi ça marche: vous créez des preuves que vous pouvez agir malgré la lourdeur. Le cerveau suit l'action.

Jour 19 — Protocole 90 s; balade consciente.

Objectif: faire « juste assez » pour sortir de l'inertie.

À faire (15–30 min): suivez le thème du jour, puis notez 1 phrase dans votre journal (ressenti + prochain pas).

Si c'est trop: version 2 minutes (une phrase + un geste). C'est valable. Cela compte.

Pourquoi ça marche: vous créez des preuves que vous pouvez agir malgré la lourdeur. Le cerveau suit l'action.

Jour 20 — Finances: 3 boîtes + appel clarification.

Objectif: faire « juste assez » pour sortir de l'inertie.

À faire (15–30 min): suivez le thème du jour, puis notez 1 phrase dans votre journal (ressenti + prochain pas).

Si c'est trop: version 2 minutes (une phrase + un geste). C'est valable. Cela compte.

Pourquoi ça marche: vous créez des preuves que vous pouvez agir malgré la lourdeur. Le cerveau suit l'action.

Jour 21 — Bilan 3; ajuster projet 7 jours.

Objectif: faire « juste assez » pour sortir de l'inertie.

À faire (15–30 min): suivez le thème du jour, puis notez 1 phrase dans votre journal (ressenti + prochain pas).

Si c'est trop: version 2 minutes (une phrase + un geste). C'est valable. Cela compte.

Pourquoi ça marche: vous créez des preuves que vous pouvez agir malgré la lourdeur. Le cerveau suit l'action.

Jour 22 — Deuxième nœud? Répéter 4×4 si oui.

Objectif: faire « juste assez » pour sortir de l'inertie.

À faire (15–30 min): suivez le thème du jour, puis notez 1 phrase dans votre journal (ressenti + prochain pas).

Si c'est trop: version 2 minutes (une phrase + un geste). C'est valable. Cela compte.

Pourquoi ça marche: vous créez des preuves que vous pouvez agir malgré la lourdeur. Le cerveau suit l'action.

Jour 23 — Digital Day Off (demi-journée).

Objectif: faire « juste assez » pour sortir de l'inertie.

À faire (15–30 min): suivez le thème du jour, puis notez 1 phrase dans votre journal (ressenti + prochain pas).

Si c'est trop: version 2 minutes (une phrase + un geste). C'est valable. Cela compte.

Pourquoi ça marche: vous créez des preuves que vous pouvez agir malgré la lourdeur. Le cerveau suit l'action.

Jour 24 — Sommeil: +1 geste (écrans, lumière, boisson).

Objectif: faire « juste assez » pour sortir de l'inertie.

À faire (15–30 min): suivez le thème du jour, puis notez 1 phrase dans votre journal (ressenti + prochain pas).

Si c'est trop: version 2 minutes (une phrase + un geste). C'est valable. Cela compte.

Pourquoi ça marche: vous créez des preuves que vous pouvez agir malgré la lourdeur. Le cerveau suit l'action.

Jour 25 — Gratitude 3 mots + boîte à preuves.

Objectif: faire « juste assez » pour sortir de l'inertie.

À faire (15–30 min): suivez le thème du jour, puis notez 1 phrase dans votre journal (ressenti + prochain pas).

Si c'est trop: version 2 minutes (une phrase + un geste). C'est valable. Cela compte.

Pourquoi ça marche: vous créez des preuves que vous pouvez agir malgré la lourdeur. Le cerveau suit l'action.

Jour 26 — Rangement 20 min; photo avant/après.

Objectif: faire « juste assez » pour sortir de l'inertie.

À faire (15–30 min): suivez le thème du jour, puis notez 1 phrase dans votre journal (ressenti + prochain pas).

Si c'est trop: version 2 minutes (une phrase + un geste). C'est valable. Cela compte.

Pourquoi ça marche: vous créez des preuves que vous pouvez agir malgré la lourdeur. Le cerveau suit l'action.

Jour 27 — Sport ou marche soutenue 30 min.

Objectif: faire « juste assez » pour sortir de l'inertie.

À faire (15–30 min): suivez le thème du jour, puis notez 1 phrase dans votre journal (ressenti + prochain pas).

Si c'est trop: version 2 minutes (une phrase + un geste). C'est valable. Cela compte.

Pourquoi ça marche: vous créez des preuves que vous pouvez agir malgré la lourdeur. Le cerveau suit l'action.

Jour 28 — Planifier 3 créneaux semaine pro.

Objectif: faire « juste assez » pour sortir de l'inertie.

À faire (15–30 min): suivez le thème du jour, puis notez 1 phrase dans votre journal (ressenti + prochain pas).

Si c'est trop: version 2 minutes (une phrase + un geste). C'est valable. Cela compte.

Pourquoi ça marche: vous créez des preuves que vous pouvez agir malgré la lourdeur. Le cerveau suit l'action.

Jour 29 — Révision scripts; imprimer/afficher.

Objectif: faire « juste assez » pour sortir de l'inertie.

À faire (15–30 min): suivez le thème du jour, puis notez 1 phrase dans votre journal (ressenti + prochain pas).

Si c'est trop: version 2 minutes (une phrase + un geste). C'est valable. Cela compte.

Pourquoi ça marche: vous créez des preuves que vous pouvez agir malgré la lourdeur. Le cerveau suit l'action.

Jour 30 — Grand bilan + prochain pas concret.

Objectif: faire « juste assez » pour sortir de l'inertie.

À faire (15–30 min): suivez le thème du jour, puis notez 1 phrase dans votre journal (ressenti + prochain pas).

Si c'est trop: version 2 minutes (une phrase + un geste). C'est valable. Cela compte.

Pourquoi ça marche: vous créez des preuves que vous pouvez agir malgré la lourdeur. Le cerveau suit l'action.

FICHES PRATIQUES — VERSION DÉTAILLÉE

FICHES PRATIQUES — VERSION DÉTAILLÉE

1) FINANCES — Reprendre la main sans honte

• Photo de la situation (30 min maxi) : imprimez/ouvrez le relevé du mois, surlignez les charges fixes, entourez 3 postes variables à réduire de 10–20 % (pas 100 %).

• Appel « clarification » (10–15 min) : « Bonjour, je veux vérifier que je suis à jour et voir s'il existe un plan réaliste pour lisser X ». Demandez une étape concrète (mail récap, délai, plan, interlocuteur dédié).

• Plan 3 boîtes : Fixes (intouchables), Variables (bouger 1 ou 2 postes), Plaisir (petite enveloppe préservée : café avec un ami, une plante, un carnet — vital pour le moral).

• Si dettes : listez-les, classez par impact, négociez d'abord la plus lourde. Répétez la méthode 4×4 sur ce seul sujet pendant 2 semaines.

2) SOMMEIL — Fabriquer le terrain du dodo

• Rituels d'atterrissage (20–30 min) : lumière douce (lampe chaude), boisson tiède, respiration 5-5, lecture légère 10 pages.

• Stop surstimulation : pas d'actualité, pas de séries dures. Si rumination, feuille « parking » : écrivez la pensée, une micro-action demain, fermez le carnet.

• En cas de réveil nocturne : respiration 5-5 + scan orteils→front; si > 20 min, levez-vous 10 min (lumière douce), puis lit à nouveau.

• Mesurez le progrès en "qualité perçue" (0–10) plutôt qu'en heures.

3) ANXIÉTÉ — La boucle courte

• Déclencheur → Pause 90 s : phrase « Je ne suis que paix et amour » + respiration 5-5 + 3 choses vues/entendues/ressenties.

• Action minuscule : « Que puis-je faire en 2 minutes utilement ? » (ranger 10 mails, verres à laver, ouvrir le dossier).

• Règle d'or : jamais de grande décision dans un pic d'anxiété; attendez que la vague redescende.

4) RÉSEAUX SOCIAUX — Décontaminer sans s'isoler

• Option A (30 jours) : désinstaller. Prévenez 3 proches des autres moyens de vous joindre.

• Option B : répondre seulement; feed interdit. 2 plages de 10 minutes/jour.

• Option C : Digital Day Off chaque semaine. Remplir avec une balade + un appel A.

5) BOULOT / BURNOUT — Reconstruire un cadre

Page

- Définissez vos heures sur 7 jours. Respectez-les "coûte que coûte" pendant 2 semaines test.

- Liste quotidienne : 1 tâche principale + 2 secondaires maxi.

- Micro-pauses 90 s entre les blocs. Noter "Fait / Pas fait" sans jugement.

6) RELATIONS — A, B, C

- A = ressourçantes (priorité). B = neutres (OK). C = toxiques (pause).

- Scripts : "non" clair, "pause" bienveillante, "besoin d'écoute".

- Indice : si vous sortez d'un échange plus petit qu'en entrant, passez en C (temporaire ou durable).

7) RANGEMENT — La symbolique du visible

- 20 minutes/jour, un espace à la fois. Sac "don" prêt. Photo avant/après.

- Commencez par l'entrée/salle de bain (rapidement gratifiant).

8) ALIMENTATION — Anti-inflammation douce

- "Ajouter" plutôt que "interdire" : un fruit/légume à chaque repas, une poignée d'oléagineux, eau.

- Remplacer 3 fois/semaine un plat très gras/sucré par une assiette simple (protéines + végétaux + féculent complet).

- Objectif : énergie stable et humeur moins en dents de scie.

FAQ — 30 réponses rapides

FAQ — 30 réponses rapides

1) Et si je rate trois jours ? → Vous reprenez au jour courant. On ne rattrape pas, on reprend.

2) Et si je n'ai personne ? → Médecin/psy/groupe d'entraide; changez d'interlocuteur si le feeling n'y est pas.

3) Zéro motivation ? → Version 2 minutes (une phrase + un geste). Cela compte.

4) Tout le matin ? → Non. "Quand vous pouvez" est parfait.

5) Infos ? → Diète stricte 30 jours, puis réintégrer en doses faibles.

6) Famille qui minimise ? → Script "écoute". Cherchez aussi un allié externe.

7) Médicaments ? → Aucun conseil ici. Parlez à un pro si stagnation/empire.

8) Combien de temps ? → Variable. Cherchez des micro-améliorations hebdo. Sinon, consultez.

9) Sport obligatoire ? → Non. Marcher suffit pour débuter.

10) Honte des dettes ? → Chiffres, pas morale. Un plan, un interlocuteur.

11) Sommeil chronique ? → Rituel + anxiété + écrans + chambre. Visez "mieux", pas "parfait".

12) Peur de parler ? → Vous choisissez ce que vous partagez. Souvent, soulagement après.

13) Rechute ? → "Jour bas" + minimum vital + micro-tâche. Vous savez faire.

14) Éparpillement ? → Une chose à la fois, finie. Mini-projet 7 jours.

15) Réseaux = seule sociabilité ? → Messagerie oui, feed non. 10 min d'appel audio à un ami.

16) Crises d'angoisse ? → 90 s + respiration + ancrage. Consultez si répétées.

17) Pas d'argent ? → Gestes principaux gratuits. Petite enveloppe plaisir préservée.

18) Pardonner ? → Non obligatoire. Vous pouvez cesser de vous nuire sans réconciliation.

19) Horaires instables ? → Îlots de 20–30 min. La régularité est un bonus.

20) Méditation ? → Balade consciente: compter pas/couleurs/sons.

21) Choisir un psy ? → Écouté, compris, non jugé; petite piste claire.

22) Colère permanente ? → Bouger, écrire, respirer; 24 h avant d'envoyer.

23) Sentiment d'inutilité ? → Boîte à preuves (1 réussite/jour).

24) Entourage toxique ? → Distance, limites. Cultiver 2 personnes A.

25) Aller trop vite ? → Lenteur stratégique: petit + durable.

26) Culpabilité ? → « Assez aujourd'hui = 1 geste ».

27) Pas faim ? → Fractionner; soupe simple; yaourt; fruit.

28) Je dors trop ? → Alarme douce, lumière du jour, 5 min de marche.

29) Peur que ça ne finisse jamais ? → Notez les preuves de changement; pro si stagnation.

30) Plus envie de rien ? → Choisir "le moins pire" et faire 5 min.

JOURNAL GUIDÉ — 12 SEMAINES

JOURNAL GUIDÉ — 12 SEMAINES

Semaine 1 — Focus: Apaiser (respiration, sommeil, diète infos)

Objectif hebdo (réaliste): _____

Trois créneaux déjà posés: __ / __ / __

Baromètre (0–10) L M M J V S D: __ __ __ __ __ __ __

Une preuve que j'avance: _____

Semaine 2 — Focus: Remettre la main (1 problème en 4×4)

Objectif hebdo (réaliste): _____

Trois créneaux déjà posés: __ / __ / __

Baromètre (0–10) L M M J V S D: __ __ __ __ __ __ __

Une preuve que j'avance: _____

Semaine 3 — Focus: Réseaux et relations (A/B/C)

Objectif hebdo (réaliste): _____

Trois créneaux déjà posés: __ / __ / __

Baromètre (0–10) L M M J V S D: __ __ __ __ __ __ __

Une preuve que j'avance: _____

Semaine 4 — Focus: Anxiété (protocole 90 s)

Objectif hebdo (réaliste): _____

Trois créneaux déjà posés: __ / __ / __

Baromètre (0–10) L M M J V S D: __ __ __ __ __ __ __

Une preuve que j'avance: _____

Semaine 5 — Focus: Sommeil (rituels + chambre)

Objectif hebdo (réaliste): _____

Trois créneaux déjà posés: __ / __ / __

Baromètre (0–10) L M M J V S D: __ __ __ __ __ __ __

Une preuve que j'avance: _____

Semaine 6 — Focus: Mouvement (marche/sport 2×10 min)

Objectif hebdo (réaliste): _____

Trois créneaux déjà posés: __ / __ / __

Baromètre (0–10) L M M J V S D: __ __ __ __ __ __ __

Une preuve que j'avance: _____

Semaine 7 — Focus: Rangement visible (1 tiroir/jour)

Objectif hebdo (réaliste): _____

Trois créneaux déjà posés: __ / __ / __

Baromètre (0–10) L M M J V S D: __ __ __ __ __ __ __

Une preuve que j'avance: _____

Semaine 8 — Focus: Alimentation (ajouter + remplacer 3 fois)

Objectif hebdo (réaliste): _____

Trois créneaux déjà posés: __ / __ / __

Baromètre (0–10) L M M J V S D: __ __ __ __ __ __ __

Une preuve que j'avance: _____

Semaine 9 — Focus: Mini-projet 7 jours

Objectif hebdo (réaliste): _____

Trois créneaux déjà posés: __ / __ / __

Baromètre (0–10) L M M J V S D: __ __ __ __ __ __ __

Une preuve que j'avance: _____

Semaine 10 — Focus: Finances (3 boîtes + appel)

Objectif hebdo (réaliste): _____

Trois créneaux déjà posés: __ / __ / __

Baromètre (0–10) L M M J V S D: __ __ __ __ __ __ __

Une preuve que j'avance: _____

Semaine 11 — Focus: Limites & « non »

Objectif hebdo (réaliste): _____

Trois créneaux déjà posés: __ / __ / __

Baromètre (0–10) L M M J V S D: __ __ __ __ __ __ __

Une preuve que j'avance: _____

Semaine 12 — Focus: Consolidation & bilan

Objectif hebdo (réaliste): _____

Trois créneaux déjà posés: __ / __ / __

Baromètre (0–10) L M M J V S D: __ __ __ __ __ __ __

Une preuve que j'avance: _____

MODÈLES DE LETTRES

MODÈLES DE LETTRES

1) Lettre non envoyée (à quelqu'un / au problème)

« Aujourd'hui, je te parle sans filtre. Voilà ce que je ressens… Voilà ce que j'aurais voulu… Voilà ce que je décide pour moi maintenant… Merci de m'avoir lu. »

2) Demande d'écoute (ami/proche)

« Est-ce que je peux te lire quelque chose d'important pour moi ? J'ai surtout besoin d'être écouté jusqu'au bout. »

3) À la banque / organisme

« Bonjour, je traverse une période compliquée mais active. Voici mon plan (3 points). Pouvez-vous m'indiquer la marche à suivre pour un échelonnement réaliste ? »

4) À un employeur

« Je souhaite vous informer que je traverse actuellement une période difficile. Je reste engagé et j'organise mes tâches pour maintenir la qualité. Je propose [aménagement simple] pour les 4 prochaines semaines. »

5) À moi-même (auto-compassion)

« Je vois tes efforts. Tu n'es pas seulement ce que tu ressens aujourd'hui. Tu as déjà traversé des choses. On avance, un pas après l'autre. »

ÉTUDES DE CAS — DÉTAILLÉES

ÉTUDES DE CAS — DÉTAILLÉES

CLARA — Isolement + anxiété nocturne

Historique: déménagement récent, peu de réseau local, endormissement tardif.

Plan: rituel sommeil 20 min, message A tous les 2 jours, association locale (accueil 30 min), Digital Day Off dominical.

3 semaines: endormissement plus tôt, 2 contacts réguliers, baisse anxiété notée −2 sur le baromètre.

MARC — Pression financière

Historique: crédits multiples, appels qui angoissent.

Plan: feuille Nœuds & Main → priorité crédit #1; méthode 4×4; script banque; appel hebdo 10 min.

6 semaines: plan accepté, anxiété diminuée, reprise du sport (2×10 min), sentiment d'auto-efficacité retrouvé.

AÏCHA — Rupture + rumination

Historique: messages compulsifs, sommeil haché.

Plan: lettre non envoyée; règle des 24 h; pause réseaux; mini-projet photo 7 jours.

1 mois: apaisement, meilleure concentration, reprise d'un cours du soir.

LOÏC — Écrans tardifs

Historique: endormissement 2–3 h, fatigue chronique.

Plan: couvre-feu écrans, lampe chaude, lecture 10 pages, respiration, chambre fraîche.

4 semaines: +1 h de sommeil moyen, humeur +2 points, retour d'énergie le matin.

RUMINATION — DÉBRANCHER LA MACHINE À PENSER

RUMINATION — DÉBRANCHER LA MACHINE À PENSER

La rumination, c'est ce moulin intérieur qui tourne sur le même sujet, encore et encore, jusqu'à vous épuiser. On croit "analyser", on re-vit. On croit "préparer", on s'use.

Pourquoi elle s'acharne ? Parce que le cerveau veut vous protéger. Il cherche un moyen d'évaporer l'inconfort par la réflexion. Le problème: la rumination ne résout pas; elle maintient l'alarme allumée.

Boucle courte: nommer (« je rumine »), 5-5, ancrage 3-3-3, micro-action 2 min, parking (écrire: "Je traite X demain à 10 h"), changer de pièce/boire de l'eau.

EXERCICE — 7 jours anti-rumination (10 minutes): liste 3 thèmes; pour 1 thème "oui", définir 1 micro-action; pratiquer la boucle courte; phrase alternative; marche sans téléphone; parler 10 min à voix haute; bilan.

Règle d'or: pas de grande décision en rumination. Attendre le lendemain matin (mouvement + hydratation + respiration).

PERFECTIONNISME — QUAND "MIEUX" SUFFIT

PERFECTIONNISME — QUAND "MIEUX" SUFFIT

Le perfectionnisme promet l'excellence, il livre l'immobilité. Antidote: "juste assez".

Définir le standard suffisant; minuteur 20 minutes; valider "Fait (suffisant)". EXERCICE 60 %: ne faire que 60 % aujourd'hui. EXERCICE 2/20/200 min: 2 min amorçage, 20 min suffisant, 200 min (jours énergie haute).

HONTE & AUTO-COMPASSION — CHANGER DE TON INTÉRIEUR

HONTE & AUTO-COMPASSION — CHANGER DE TON INTÉRIEUR

La honte isole; la compassion de soi dit: "ce que tu vis est humain; je reste de ton côté".

EXERCICE — Se parler comme à un ami (10 lignes à la 2e personne). EXERCICE — La chaise du meilleur ami.

Règles: arrêter l'insulte intérieure; célébrer micro-réussites; choisir 2 témoins A.

SE LEVER QUAND TOUT PÈSE — ROUTINE "BOUCHÉE PAR BOUCHÉE"

SE LEVER QUAND TOUT PÈSE — LA ROUTINE "BOUCHÉE PAR BOUCHÉE"

1) Bord du lit 30 s + phrase d'acceptation. 2) Verre d'eau. 3) Douche courte (10 s froides), s'habiller pour sortir. 4) Respiration 5-5. 5) Micro-tâche 10 min. 6) Ouvrir la fenêtre, nommer 3 couleurs.

EXERCICE — Version 2 minutes: eau + vêtements + fenêtre. Pacte 5 jours: on mesure "Fait/Pas fait", récompense symbolique au jour 5.

100 MICRO-ACTIONS QUI COMPTENT

100 MICRO-ACTIONS QUI COMPTENT

1. Boire un grand verre d'eau

2. Marcher 5 minutes dehors

3. Ouvrir la fenêtre et respirer l'air frais

4. Faire 10 respirations 5-5

5. Écrire une phrase de journal

6. Envoyer un SMS « coucou » à une personne A

7. Prendre une douche (10 s froides en fin)

8. S'habiller comme pour sortir

9. Mettre une musique positive

10. Ranger 1 objet ou 1 dossier

11. Faire son lit

12. Éplucher un fruit et le manger en pleine conscience

13. Préparer un verre d'eau à portée de main

14. Sortir les poubelles

15. Plier 3 vêtements

16. Vider le lave-vaisselle ou faire 5 assiettes

17. Lire 2 pages d'un livre doux

18. Écrire 3 mots de gratitude

19. Mettre le téléphone en mode avion 20 minutes

20. Respirer au soleil 2 minutes

21. Étendre/ramasser 5 vêtements

22. Faire 5 étirements lents

23. Regarder le ciel 60 secondes

24. Éteindre les notifications 1 h

25. Noter la prochaine petite action sur un post-it

26. Préparer une tisane

27. Mettre une alarme douce pour se coucher

28. Aller acheter du pain à pied

29. Dire « non » à une demande énergivore

30. Fermer l'onglet des infos

31. Sourire à un inconnu (ou à soi dans le miroir)

32. Mettre de l'ordre sur le bureau 5 min

33. Répondre à 1 email important

34. Imprimer un document qui traîne

35. Remplir une bouteille d'eau

36. Éteindre la TV 30 min plus tôt

37. Prendre 10 minutes de soleil si possible

38. Écrire une lettre non envoyée (5 min)

39. Lire un poème court

40. Faire 10 squats lents

41. Monter 2 étages d'escaliers

42. Préparer une liste de courses simple

43. Appeler la banque 5 min pour fixer un rendez-vous

44. Envoyer un message « jour bas » à un ami A

45. Dire « merci » à quelqu'un aujourd'hui

46. Écouter 1 chanson entière sans rien faire d'autre

47. Noter vos 3 forces (même petites)

48. Regarder 3 couleurs autour de vous

49. Trier 5 photos du téléphone

50. Désinstaller 1 appli toxique

51. Mettre une alarme "respirer" (3 fois/jour)

52. Manger un yaourt/fruit au lieu d'un grignotage sucré

53. Se brosser les dents en pleine conscience

54. Mettre des draps propres

55. Aérer la chambre 5 minutes

56. Préparer la tenue de demain

57. Mettre l'eau à table avant de manger

58. Dire « aujourd'hui je fais juste assez »

59. Écrire le plan 4×4 d'un problème

60. Séparer 10€ pour un petit plaisir futur

61. Bloquer 2 créneaux de 20 minutes dans l'agenda

62. Prendre 1 photo de quelque chose de beau

63. Faire une courte sieste (20 min) si besoin

64. Éteindre le téléphone 30 min

65. Marcher 10 min après le repas

66. Écouter un podcast inspirant 10 min

67. Regarder 3 choses qui vont bien dans votre vie

68. Mettre une plante près de la fenêtre

69. Écrire un SMS « merci pour… »

70. Noter 1 idée pour votre mini-projet

71. Faire 5 inspirations profondes avant un appel

72. Mettre un minuteur et trier 10 papiers

73. Préparer une boîte "don"

74. Balayer la zone d'entrée

75. Regarder une vidéo drôle courte

76. Prendre RDV chez le médecin/psy si besoin

77. Planifier une balade avec une personne A

78. Apprendre 1 mot nouveau

79. Écrire une phrase gentille à votre sujet

80. Mettre une alarme de coucher régulière

81. Tester une recette simple

82. Laver son visage à l'eau fraîche

83. Mettre des chaussettes chaudes / s'ancrer au sol

84. Réserver 10 min "zéro écran"

85. Dire « j'ai fait de mon mieux aujourd'hui »

86. Mettre une pièce dans une tirelire "plaisir futur"

87. Regarder une vieille photo heureuse

88. Fermer la porte doucement (pleine conscience)

89. Étirer la nuque 30 s

90. Boire un verre d'eau avant café

91. Envoyer une candidature/DM si besoin pro

92. Écrire 1 limite à poser cette semaine

93. Lire 1 page sur un sujet qui vous passionne

94. Écouter la pluie/vent 1 minute

95. Coller un post-it « Respire » près du bureau

96. Retirer 1 onglet ouvert inutile

97. Sortir 2 objets à donner

98. Passer un coup d'éponge 2 minutes

99. Réparer une petite chose (pile/ampoule)

100. Dire « je te recontacte la semaine prochaine » au lieu d'un oui forcé

101. Changer de pièce 5 minutes pour casser la rumination

102. Noter 1 chose "à ne pas faire" demain (pour se protéger)

103. S'asseoir droit 30 secondes et respirer

PENSÉES ALTERNATIVES

PENSÉES ALTERNATIVES

• Je n'ai pas à gagner la journée, seulement à faire un pas.

• Ma valeur ne se mesure pas à mon énergie du jour.

• Je peux être épuisé et capable d'un petit geste quand même.

• Un message court vaut mieux que disparaître complètement.

• Si je rate aujourd'hui, je reprends demain.

• Le repos est une action utile.

• Je peux dire non sans me justifier.

• Ce problème n'est pas moi; c'est un dossier à traiter.

• Je peux demander de l'aide sans être un poids.

• Mon cerveau mouline pour me protéger; je peux l'apaiser.

• Je n'ai pas besoin d'avoir envie pour commencer; l'envie viendra.

• Les réseaux ne sont pas la vraie vie.

• Mes émotions sont valides; mes réactions peuvent être ajustées.

- Je peux avancer lentement et réussir quand même.

- Une chose à la fois suffit.

- Je ne suis pas mes pensées.

- Je peux être triste et digne d'amour.

- Je peux être anxieux et faire un appel malgré tout.

- J'apprends; ce n'est pas un examen.

- Je fais ce que je peux avec ce que j'ai.

- Je n'ai rien à prouver aujourd'hui.

- Je ne compare pas mon dedans au dehors des autres.

- J'ai le droit de protéger mon énergie.

- Mon futur moi me remerciera pour ce petit pas.

- Je ne cherche pas parfait; je cherche mieux.

- Je respire; la vague redescend toujours.

- Je peux choisir mes entrées d'information.

- Je peux avoir des limites claires et rester aimant.

- Je tolère l'inconfort de quelques minutes pour avancer.

- Je peux recommencer autant de fois que nécessaire.

- J'ai déjà survécu à 100 % de mes jours difficiles.

- Un appel n'est pas un jugement sur moi.

- Un refus respectueux vaut mieux qu'un oui forcé.

- Je n'ai pas besoin d'explications parfaites pour dire « ça ne me convient pas ».

- Mon corps a besoin de carburant simple; je peux manger quelque chose même si c'est petit.

- Je peux laisser un dossier dormir une nuit.

- Je peux déléguer ou demander un avis.

- Je peux choisir des gens qui me veulent du bien.

- Je mérite la douceur que j'offre aux autres.

- Mes pas minuscules comptent.

- Je peux appuyer sur pause.

- Je peux vivre un jour bas sans décider de ma vie.

- Je peux apprendre à me parler comme à un ami.

- Je suis en train de reconstruire du muscle mental.

- Je peux me donner 20 minutes pour moi.

- Je peux laisser les sujets insolubles pour demain.

- Je peux tenir mon téléphone loin 1 heure.

- Je peux respirer plutôt que réagir.

- Je peux écouter mon corps sans me juger.

- Je peux écrire pour vider la tête.

- Je peux revenir ici quand ça tangue.